AF460019

INSTRUCTION

POUR les Employés à la Perception des Droits de Controlle des Actes des Notaires & sous signatures privées, fixés par le Tarif arrêté au Conseil d'Etat le 4. Avril 1721. en exécution de l'Edit dudit jour, rédigée par Articles & par ordre alphabétique, avec des Explications sur chacun des Articles dudit Tarif.

N°. PREMIER.

ART. I. DU TARIF.

ASCENSEMENT de 100 frans Barrois de capital, ou de cinq frans de rente & au dessous, sera payé cinq sols six deniers, ci . . . 5 s. 6 d.

Depuis 100 frans jusqu'à 200 frans, neuf sols six deniers, ci . . . 9 s. 6 d.

Depuis 200 frans & au

IL faut entendre les Ascensemens d'Héritages, & les Baux à Cens ou Rentes foncieres rachetables ou non rachetables; former le capital sur le pied du denier vingt du Cens ou de la Rente, pour en percevoir le Droit, conformément à l'Article du Tarif ci à côté.

ART. DU TARIF. dessus, 5 sols par cent frans; en telle sorte néanmoins que le Droit ne puisse excéder 24 livres à quelque somme que le Droit puisse monter.

II.

ART. 11. ABANDONNEMENT de biens par un Débiteur à ses Créanciers, une livre treize sols, ci . . 1 liv. 13 s.

Cet Acte est fait par un Débiteur pour éviter la discution de ses biens, dont les frais absorberoient une partie du prix; il sera parlé dans l'Article suivant, des Adjudications qui se font en conséquence de ces abandonnemens.

III.

ART. 2. ADJUDICATION de Biens en direction, les Droits seront payés à proportion des sommes y contenuës.

Ces Adjudications se font en conséquence de l'abandonnement fait par un Débiteur à ses Créanciers de tous ses biens pour être vendus en direction; les Ventes se font souvent par un Procès-verbal d'Adjudication, qui est reçu par le Tabellion, lequel renfermant toutes les clauses, charges & conditions nécessaires, tient lieu de Contrat; le Droit de Controlle est dû sur le pied du total de la Vente, si elle est faite à un seul Adjudicataire; & si elle est divisée en plusieurs parties, & faite à différentes personnes, il est dû autant de Droits qu'il y a d'Adjudicataires particuliers, à proportion des sommes portées par leurs Adjudications, encore que ces Adjudications se trouvent renfermées dans un même Procès-verbal. Les Commis observeront de faire autant d'enrégistremens qu'il se trouvera d'articles adjugés; si cependant en conséquence de ces Adjudications il étoit passé des Contrats de Vente, le Droit ayant été payé sur le Procès-verbal d'Adjudication, il ne seroit plus dû sur lesdits Contrats que le Droit simple de 9 s. 6 d.

IV.

ART. 14. ACCORDS sur injures, ou autres pareils, sera payé neuf sols six deniers, ci 9 s. 6 d.

Tout Accord sur injures, ou autres pareils, ne doit que le simple Droit, quand même il y auroit des sommes stipulées, soit qu'elles soient promises, ou payées comptant.

V.

ART. 18. ASSOCIATIONS entre

Les Associations ou Traités entre Gens d'affai-

ART. DU TARIF.

Marchands ou Gens d'affaires, trois livres six sols, ci . . . . 3 liv. 6 s.

res, sont les Actes par lesquels ils s'unissent ensemble, soit pour prendre des Fermes du Roy, soit pour faire des Entreprises de Fournitures pour son service, & affaires de cette espece, ou pour tous autres objets considérables.

Entre Marchands, ce sont des Actes de societé qu'ils passent entr'eux pour faire des entreprises de commerce.

Entre autres personnes, une livre treize sols, ci 1 liv. 13 s.

Et entre les autres personnes, ce sont les Actes que les Ouvriers de toute espece, ou autres gens, qui ne sont pas de la qualité ci-dessus, passent entre eux, par lesquels ils s'accordent pour entreprendre ensemble des ouvrages de leur métier.

VI.

ART. 25.

Aveu & Dénombrement d'une Terre, Fief ou Seigneurie, ayant Haute, Moyenne & Basse Justice, trois livres six sols, ci . . 3 liv. 6 s.

Ayant droit de Basse Justice seulement, Fief simple ou Maison franche, une livre treize sols, ci . 1 liv. 13 s.

L'Aveu & Dénombrement, est une déclaration donnée par le Possesseur, ou nouveau Propriétaire du Fief ou Seigneurie, en conséquence de la Foi & Hommage prêtés précédemment au Roy ou au Seigneur dominant; lorsque les Aveux & Dénombremens ont été reçus par les Tabellions & Notaires, ils doivent être controllés dans la huitaine; & s'ils sont faits sous signature privée, le Controlle doit en être payé avant qu'ils puissent être déposés au Greffe de la Chambre des Comptes, pour les Fiefs & biens nobles relevans de Sa Majesté, ou dans les Greffes des Justices des Seigneurs dominans, pour les Terres, Fiefs & Biens nobles relevans d'eux.

Les Commis examineront avec attention les Actes de cette espece qui leur seront présentés, pour percevoir les Droits de Controlle suivant la qualité des Terres & Seigneuries, & Droits honorifiques qui y seront compris.

VII.

ART. 16.

Bail à ferme à tems; de 100 frans Barrois de canon, & au dessous, cinq sols six deniers, ci . . 5 s. 6 d.

Et par ceux au dessus, cinq sols pour chaque cent frans, ensorte cependant que le Droit ne puisse excéder la

Plusieurs Commis sont tombés dans l'erreur, en percevant le Droit de Controlle sur le pied réglé par l'Article premier du Tarif; de maniere que lorsque l'objet des Baux s'est trouvé considérable, ils ont tiré les Droits à proportion, même les 24 livres, ce qui prouve bien clairement qu'ils ont négligé de se rendre familiers les Articles du Tarif, & leur application aux Actes qui y sont dénommés.

Ils doivent apporter autant d'attention à ne pas percevoir les Droits au-delà de ce qu'ils sont

ART. DU TARIF. ſomme de neuf livres dix ſols, ci . . 9 liv. 10 ſ.

Et en cas que les Baux ſeroient en grains, le Droit s'en payera ſur le même pied, en eſtimant la paire de reſeaux, meſure de Nancy, à 20 frans.

réglés, qu'ils doivent avoir d'éxactitude à les faire payer ſur le pied qu'ils ſont dûs ſuivant les Réglemens.

Lorſque les Héritages ſeront donnés à Cens ou Rentes foncieres rachetables ou non rachetables, les Commis obſerveront de percevoir le Droit de Controlle ſur le pied du capital du Cens ou Rente, à raiſon du denier vingt.

L'obſervation ſur l'Article premier porte l'explication néceſſaire ſur cette perception; il faut encore joindre aux prix des Baux, les Pots de vin & Coëffes.

VIII.

ART. 29. BREVET d'Apprentiſſage, neuf ſols ſix deniers, ci 9 ſ. 6 d.

C'eſt un Acte donné par le Maître d'un Art ou Métier, par lequel il atteſte que ſon Apprentif a travaillé chez lui pendant le tems requis par les Statuts & Atours; ces Actes ſont ordinairement reçus par les Notaires ou Tabellions, & conſéquemment aſſujettis au Controlle dans la huitaine; s'ils ſont donnés ſous ſeing privé, l'Apprentif ne peut s'en ſervir pour avoir Lettres de Maîtriſe, qu'ils n'ayent été préalablement controllés.

IX.

ART. 1. CONSTITUTION de cent frans de capital, ou de cinq frans de rente & au deſſous, ſeront payés les mêmes Droits que ceux énoncés en l'Article premier du préſent Tarif.

Cet Article eſt clair; les Commis entendent facilement qu'il eſt queſtion d'une ſomme prêtée à titre de Conſtitution, rembourſable à la volonté du Débiteur, & que le Droit de Controlle doit être payé ſur le pied de la ſomme prêtée.

X.

ART. 2. CONSIGNATION ou Dépôt de ſommes, ſeront payés les mêmes Droits que ceux énoncés à l'Article premier, à proportion des ſommes contenuës dans les Actes.

Ces Conſignations ſont faites pour parvenir à un Retrait, ou ſur le refus par une Partie de recevoir une ſomme offerte; le Droit de Controlle eſt dû ſur le pied du montant de la ſomme conſignée, conformément à l'Article premier du Tarif.

ART-DU TARIF.

XI.

ART. 1.

Creation de Pension, seront payés les mêmes Droits que ceux énoncés en l'Article premier, à proportion des sommes contenuës dans les Actes.

Le Droit est dû sur le pied du capital au denier vingt de la Pension; ensorte que si elle est de 100 livres, le Droit est dû sur le pied du principal qui est de 2000 livres.

XII.

ART. 6.

Cession de Contrat de Constitution, Obligation & Vente, seront payés les mêmes Droits que pour lesdits Contrats, à proportion des sommes y contenuës.

Sous le terme de Cession il faut entendre les transports de sommes portées par Contrats de Constitution, Obligation, ou autres Actes de pareille nature, de même que les Subrogations & Cessions, ou Rétrocessions de Vente de Meubles ou Immeubles, dont les Droits sont dûs sur le montant de la somme pour laquelle les Transports, Cessions, Rétrocessions, ou Subrogations auront été faits.

XIII.

ART. 12.

Compromis, neuf sols six deniers, ci . 9 s. 6 d.

Les Commis se trompent souvent sur le terme de Compromis, qu'ils appliquent à plusieurs Actes indifféremment.

Le Compromis n'est autre chose qu'un Arrêté entre deux Parties qui sont en discussion ou prêtes à y entrer, par lequel elles nomment une ou plusieurs personnes pour juger arbitralement leur differend, & promettent de souscrire à leur décision.

XIV.

ART. 17.

Cautionnement fait à part de l'Obligation, Constitution, ou d'autres Actes, neuf sols six deniers, ci 9 s. 6 d.

Lorsque les Cautionnemens seront renfermés dans les Obligations, Constitutions, & autres Actes dont les Droits auront été payés, il ne sera rien dû pour les Cautionnemens.

XV.

ART. 28.

Depôt d'Acte sous signature privée, sera payé le Droit

Les Commis auront grande attention de lire les Actes pour en connoître la qualité & les dif-

ART. DU TARIF. à proportion des ſommes portées dans leſdits Actes, comme il eſt expliqué ci-deſſus.

poſitions, & percevoir les Droits conformément à l'Article ci-contre.

X V I.

ART. 3. DONATION entre-vifs, faite à autres qu'aux Héritiers préſomptifs, ſeront payés les mêmes Droits que pour les Articles premier & ſecond.

Les Commis percevront le Droit en entier dans tous les cas de Donations entre-vifs, autres que celles faites aux Héritiers préſomptifs dont la qualité eſt établie ci-après.

Et ſi elle eſt faite aux Héritiers préſomptifs, ſera payé la moitié des Droits.

L'Héritier préſomptif eſt celui, qui, en cas de mort *ab inteſtat*, ſeroit habile à ſuccéder à l'excluſion de tous autres, tant en ligne directe que collatérale; mais comme les Commis ne peuvent connoître ſi le Donataire eſt véritablement l'Héritier préſomptif du Donateur, ils obligeront les Notaires ou les Parties de le déclarer dans les Actes de Donations; & s'ils avoient accuſé faux, les Commis en dreſſeront Procès-verbal pour pourſuivre les Parties au payement des Droits en entier, & des dommages & intérêts du Fermier.

X V I I.

ART. 19. DESISTEMENT, neuf ſols ſix deniers, ci . 9 ſ. 6 d.

Il ne faut pas confondre le déſiſtement avec le réſiliment compris ſous l'Article 26. du Tarif, N°. 39. qui n'ont aucun rapport l'un à l'autre.

L'Acte de déſiſtement ne peut s'appliquer qu'à une demande en matiére civile ou criminelle, ou aux Actes d'Appel par la Partie qui l'a interjetté ou relevé, ſans l'acceptation de l'autre, avant qu'il ait été prononcé aucun jugement, & dans lequel il n'y aura aucune ſomme déſignée, ni autres diſpoſitions que celles qui conviennent au déſiſtement pur & ſimple; ſi cependant il y avoit Obligation contractée portant Promeſſe de payer ſoit Sommes principales ou frais, il faudroit percevoir le Droit de Controlle ſur le pied deſdites Sommes, ainſi qu'il eſt réglé par l'Article premier du Tarif.

Quant au réſiliment, il en ſera parlé ci-après au N°. 39.

X V I I I.

ART. 21. DONATION à cauſe de mort faite par les Artiſans &

Voyez l'obſervation ſur l'Article des Teſtamens ci-après.

ART. DU TARIF. gens de Métier, dix-neuf ſols, ci . . . . 19 ſ.

Par les Officiers des Prevôtés & Gruries, Marchands & Rentiers, une livre dix-huit ſols, ci . 1 liv. 18 ſ.

Et par les perſonnes notables, ou conſtituées en Offices ſupérieurs & dignités, & les Avocats exerçans en nos Cours & Bailliages, trois liv. ſix ſols, ci . . 3 liv. 6 ſ.

XIX.

ART. 22. DONS mutuels, ſix livres douze ſols, ci . 6 liv. 12 ſ.

Les dons mutuels ne peuvent être faits qu'entre Maris & Femmes; toutes Donations réciproques & reſpectives entre Freres & Sœurs ou autres Parens, de même qu'entre Particuliers, ne peuvent être regardées que comme Donations entre-vifs réciproques, attendu qu'elles tranſmettent dans le moment la propriété en faveur de celui qui ſurvivra; les Droits en doivent être perçus conformément à l'Art. 3. du Tarif. Voyez ci-devant N°. 16.

XX.

ART. 24. DEMISSION d'Office, une livre treize ſols, ci 1 liv. 13 ſ.

Et ſi leſdites Démiſſions tiennent lieu de Ventes, le Droit en ſera payé comme pour les Contrats de Vente, ſuivant l'Article ſecond du preſent Tarif.

C'eſt réſignation d'Office de Cour ſupérieure, Office de Finance, Bailliage, Prevôté & tous autres Offices de quelque nature qu'ils puiſſent être.

Lorſque les Démiſſions ou Réſignations ſeront préſentées au Controlle, les Commis ſe rendront certains ſi le Traité ou Contrat de Vente aura payé les Droits ſur le pied du prix de l'Office, ſinon ils le percevront ſur l'Acte de Démiſſion ou Réſignation; & en cas qu'il ne ſeroit pas fait mention dans leſdits Actes du prix de l'Office vendu, ou que les Parties refuſeroient de repréſenter la Vente, ils percevront le Droit le plus fort qui eſt de 24. liv. ſi cependant la Démiſſion étoit faite à un Héritier préſomptif, il ne ſera dû que moitié Droit.

Le même Droit de 1. liv. 13. ſ. ſera dû pour les Nominations ou Préſentations auſdits Offices par toutes perſonnes, même par les Veuves ou Héritiers pour parvenir à l'expedi-

ART. DU TARIF.

tion des Provisions, en tant cependant que lesdits Actes ne seront pas faits judiciairement, auquel cas il n'est rien dû.

X X I.

ART. 4.

Echange & Contre-Echange, le Droit sera payé sur le pied de l'Art. 1. ci-dessus, à proportion de la valeur seulement de la plus forte des choses échangées.

Et en cas que la valeur des biens & choses échangées ne seroit pas spécifiée dans les Contrats, les Parties seront obligées de la déclarer en leur conscience; desquelles déclarations les Controlleurs seront tenus de se contenter; & s'ils peuvent justifier qu'il y ait lézion du tiers du Droit, les Parties qui en auront fait de fausses estimations, seront contraintes chacune au payement de 400 frans d'amende, outre le Droit de Controlle, sur le pied entier & véritable de la chose échangée, sans que les Notaires & Tabellions puissent inserer que lesdites déclarations ou estimations ne sont faites que pour régler le Droit du Controlle,

Le Droit de Controlle n'est dû que sur la valeur d'un des Biens échangés, en observant néanmoins que si l'Immeuble échangé est du prix de 2000. liv. & le Contre-échange de valeur de 2500. liv. que le Controlle doit être perçû sur le pied des 2500. liv. suivant l'Article premier.

Lorsque les estimations ne sont pas faites par les Parties dans le Corps des Actes, les Commis souffrent souvent que les Tabellions y supléent, par une petite Note qu'ils mettent au pied des Actes au dessous des Signatures, dans lesquelles ils portent la valeur des Biens à leur gré.

Plusieurs Buralistes, soit par ignorance ou par complaisance, ont encore la facilité excessive de s'en tenir à une simple déclaration verbale de la part des Notaires & Tabellions, qui par là deviennent Arbitres des Droits, qu'ils réduisent sans risquer, attendu qu'ils ne peuvent engager les Parties par une déclaration qui n'en est point approuvée, & qu'il n'y a aucunes peines prononcées contre lesdits Tabellions pour une fausse déclaration.

Cet abus est un des plus préjudiciables aux intérêts de la Ferme, & les Commis ne sçauroient trop scrupuleusement s'attacher à l'interrompre; ils doivent à cet effet refuser le Controlle des Contrats d'Echanges, ainsi que des autres Actes, comme Donations, Cessions de Droits mobiliers ou immobiliers, jusqu'à ce qu'il soit fait mention de l'estimation des Biens, & ils obligeront les Parties de faire elles-mêmes cette Estimation par une déclaration qui sera portée par un renvoi, à la marge, ou ensuite de l'Acte; lequel renvoi sera approuvé & paraffé desdites Parties & des Tabellions; les Controlleurs auront attention de les paraffer aussi, afin qu'il ne puisse être rien changé après le Controlle; & qu'en cas de fausse Estimation l'on puisse poursuivre les Contrevenans au payement de l'amende portée par l'Article ci-contre.

sans

ART. DU TARIF.

sans tirer à conséquence pour la valeur des biens échangés.

Les Commis ne souffriront pas non plus qu'il soit ajouté aux Estimations, que c'est pour régler le Droit de Controlle, sans tirer à conséquence ; cette énonciation porte avec elle la preuve certaine de la fraude ; & ils pourront, sans hésiter, verbaliser pour fausse Estimation, lorsque le cas s'en présentera.

Ils observeront encore d'expliquer leurs Enrégistremens de maniére que l'on y trouve la datte du jour du Controlle, la nature de l'Acte, les noms, qualitez & demeures des Parties contractantes, la nature & qualité des Immeubles ; c'est-à-dire, s'ils sont fiefs ou en roture, leur situation, en énonçant si c'est dans le Domaine du Roi, ou dans la Censive d'un Seigneur particulier, la valeur desdits Immeubles, la datte de l'Acte, & le nom du Notaire ou Tabellion qui l'aura reçû ; toutes ces explications sont nécessaires & indispensables tant pour cet Article que pour tous les autres ; & l'on doit libeller les Enrégistremens avec d'autant plus de soin, qu'une régle bien établie sur cela intéresse également le Public & le Fermier ; le Public, en ce qu'il peut par les Extraits qu'il est en état de tirer des Régistres du Controlle, supléer aux Minutes lorsque par quelques événemens elles se trouvent perduës ou adhirées ; & le Fermier, en ce qu'elle facilite à ses Employez principaux les vérifications nécessaires sur la perception des Droits de Controlle, ou pour tirer les Extraits des Actes qui opérent d'autres Droits qui font partie de la Ferme, tels que ceux d'Amortissement & de Sceau.

Si une Caze seule ne suffit pas pour renfermer les explications & énonciations ci-dessus, les Commis pourront continuer d'écrire, en passant dans la Caze suivante, même dans la troisiéme, &c.

XXII.

ART. 2.

FONDATION, seront payés les mêmes Droits que ceux ci-dessus énoncés, à proportion des sommes y contenuës, suivant l'Article premier du présent Tarif.

Ces sortes d'Actes ont différentes stipulations qu'il convient d'expliquer.

La premiére est une certaine Rente annuelle, que les Fondateurs s'obligent de payer, ou qu'ils chargent leurs Héritiers d'acquitter envers une Communauté Religieuse, Parroisse, Fabrique, Confrairie, ou autres Gens de Main-morte.

La seconde est une Somme en capital, donnée & constituée à la charge de dire annuellement une ou plusieurs Messes, ou autres Services.

Et la troisiéme, sont les Biens immeubles donnés sous la même condition ; dans le premier cas, le Droit de Controlle doit être payé sur le pied du capital de la Rente au denier vingt ; dans le second, à proportion des Sommes portées par les Actes ; & dans le troisiéme, sur le pied du prix des Immeubles, dont les Commis auront soin de faire faire l'Estimation, ainsi qu'il est expliqué dans l'Observation sur l'Article précédent.

Ils auront attention aussi d'en bien énoncer la qualité & la situation, de la même maniére qu'il est expliqué ci-devant à l'Article des Echanges.

ART. DU TARIF.		
ART. 25.	**XXIII.** POUR chacun Acte de FOY & Hommage d'une Terre, Fief ou Seigneurie ayant Haute, Moyenne & Basse Justice, trois livres six sols, ci . . . 3 liv. 6 s. Ayant Droit de Basse Justice seulement, Fief simple, ou Maison franche, une livre treize sols, ci . . 1 liv. 13 s.	Voyez l'explication sur l'Article des aveus & dénombremens ci-devant N°. 6. pour percevoir les Droits ainsi qu'il est prescrit.

XXIV.

ART. 9.	INVENTAIRE des Meubles, Immeubles & Papiers fait par les Notaires, une livre treize sols, ci 1 liv. 13 s.	Les Commis auront attention de lire les Inventaires qui leur seront apportés à controller, pour connoître les Actes sous seing privé, portant Vente d'Immeubles qui pourroient y être inserés; & en cas qu'il s'en trouveroit, ou des Echanges, Transactions, Partages, Substitutions, ou Donations entre-vifs, qui par l'Article IV. de la Déclaration du 17. Mai 1724. doivent être passés devant Notaire ou Tabellion, à peine de nullité desdits Actes, & de 500. frans d'amende; ils arrêteront lesdits Inventaires, en dresseront leurs Procès-verbaux pour être envoyés à la Direction; bien entendu qu'il faut que ces Actes ayent été faits pendant le Bail actuel du Fermier.

XXV.

ART. 20.	INDEMNITÉ, neuf sols six deniers, ci . 9 s. 6 d.	Ces Actes sont causés pour cautionnemens prêtés à l'occasion d'Emploi, Constitutions, Obligations ou autres Actes.

XXVI.

ART. 7.	MARIAGE passé entre les Habitans des Villages, où il n'y aura aucune somme désignée, à cause de la pauvreté	On doit entendre ici les Contrats de Mariage qui ne sont faits que pour l'arrangement des Biens à venir, & assurer la fortune des Enfans & celle du Survivant des deux Conjoints, & par lesquels il paroît qu'il n'y a aucuns Biens, ni Sommes désignées dans le Contrat.

ART. DU TARIF. des Parties, neuf sols six deniers, ci . . 9 s 6 d.

ART. 8. Mariage où les Parties se prendront avec leurs droits, dans lequel il n'y aura aucune somme désignée, entre Artisans & gens de Métier, une livre treize sols, ci 1 l. 13 s.

Même observation ; mais si les Futurs font entrer des Sommes en Communauté, alors si le Droit de ces Sommes est plus fort que celui qu'opéreroit la qualité des Contractans, le Commis percevra le Droit sur le pied desdites Sommes.

Et entre Gens Nobles ou qui ont titre & caractere, six livres douze sols, ci 6 l. 12 s.

Même observation qu'à l'Article précédent.

Mariage dans lequel il sera stipulé des sommes en argent ou abandonnement de biens par gens dont les Contractans ne seront pas Héritiers présomptifs, le Droit sera payé comme pour les Contrats de Donations entre-vifs, spécifiés dans l'Article 3. du présent Tarif.

Cet Article exige une attention singuliére de la part des Commis ; & pour les empêcher autant qu'il est possible, de tomber dans l'erreur sur son exécution, l'on rapportera ici les exemples qu'on a pû prévoir, avec les différentes dispositions & opérations qui peuvent se rencontrer dans les Contrats de Mariage.

PREMIER CAS.

Ceux faits entre Fils & Filles sous puissance de Peres & Meres, en renferment quelquefois de quatre especes.

La premiére, lorsque les futurs Conjoints ont des Biens échus énoncés & désignés dans le Contrat, provenant de leur industrie, ou de Donations à eux faites avant leur Mariage; il est dû la moitié des Droits réglés par le Tarif, Article I. conformément à l'Article III. pour ce qui concerne les Donations faites aux Héritiers présomptifs; c'est-à dire, que si les Biens sont estimés, il faut percevoir le Controlle sur le pied de la valeur; & s'ils sont désignés sans être évalués, & que les Parties refusent d'en faire l'Estimation dans le Contrat, l'on percevra 12. liv. pour chacun des Contractans.

La seconde Disposition est la dotation faite par les Peres & Meres en faveur des futurs Conjoints; lorsque les Biens donnés de part & d'autre seront estimés, il sera perçû la moitié des Droits fixés par l'Article premier du Tarif; & à défaut d'Estimation, il faudra tirer 12. liv. pour la dote du Futur, & autant pour celle de la Future.

La troisiéme Disposition renferme les Donations faites en considération du Mariage par les Oncles, Tantes, Cousins, & autres Parens des Futurs, dont les Droits doivent être perçûs en entier lorsque les Futurs ne seront pas leurs Héritiers présomptifs. (Les Commis verront sur cela l'Article 3. N°. 16. ci-devant, qui explique quels sont les véritables Héritiers présomptifs.)

Si la Donation est faite de Meubles ou Immeubles au futur Epoux sans évaluation, il est dû 24. liv. & pareil Droit pour la Donation qui sera faite à la future Epouse, en observant encore de percevoir autant de Droits qu'il se rencontrera de Donations; c'est-à-dire, que si deux Parens, comme un Oncle & un Cousin, donnoient au futur Epoux, il est dû un Droit pour la Donation faite par l'Oncle, & un autre Droit pour celle faite par le Cousin, & en user de même à l'égard de ce qui sera donné à la future Epouse par ses Parens.

La quatriéme Disposition est lorsque le futur Epoux donne à la future une Somme pour tenir lieu de Bagues & Joyaux, ou qu'il y a Donation respective d'Usufruit ou autres Biens; il faut en ce cas percevoir le Droit sur le pied de la valeur de la Somme ou de la chose donnée, si elle est évaluée, sinon faire payer 24. liv. Mais ce dernier Droit n'est exigible qu'autant que la premiére Disposition ci-dessus concernant les Biens échus aux futurs Conjoints avant leur Mariage, ne se rencontrera pas, parce qu'il ne peut être perçu qu'un seul Droit de Controlle pour différentes Dispositions entre les mêmes Parties; les Commis observeront seulement d'opter celui des deux Articles qui opérera le Droit le plus fort, & de faire au sur-plus leurs Enrégistremens sur leurs Régistres, en autant de Cazes qu'il y aura de Dispositions différentes.

SECOND CAS.

Ceux faits entre Personnes libres qui ne sont point sous puissance de Peres, Meres ou Tuteurs.

Lorsque les futurs Conjoints ont leurs Biens échus, & qu'ils se dotent eux-mêmes, il est dû la moitié des Droits réglés par l'Article premier du Tarif, à proportion de la valeur des Biens s'ils sont estimés, & à défaut d'évaluation, il faut percevoir 12. liv. pour chacun des Contractans.

Il arrive souvent que les Biens de l'un des Conjoints sont estimés, & que ceux de l'autre ne sont ni désignés ni évalués; dans ce cas les Commis tireront le Droit sur le pied de la Somme à laquelle les Biens de l'une des Parties auront été estimés, & celui qui n'aura rien désigné on le prendra suivant la qualité; s'il y a Donation de la part de l'une des Parties en faveur de l'autre, ou si elles se donnent réciproquement, il n'en sera rien perçu, attendu que dans les cas ci-dessus, les Futurs sont seuls Contractans, & qu'on ne peut tirer qu'un Droit de Controlle d'un Acte fait entre les mêmes Parties, quoique renfermant différentes Dispositions; l'on a la liberté seulement d'opter celle des Dispositions qui est la plus avantageuse, & qui opere le Droit le plus fort.

A l'égard des Donations qui pourront être faites aux Futurs par les Oncles, Tantes ou autres Parens, les Commis en percevront les Droits, ainsi qu'il a été ci-devant expliqué sur le premier cas.

ART. DU TARIF.

XXVII.

ART. 1.

Obligation de cent frans & au dessous, sera payé cinq sols six deniers, ci 5 s. 6 d.

Depuis cent frans jusqu'à deux cens frans, neuf sols six deniers, ci . . 9 s. 6 d.

Depuis deux cens frans & au dessus, cinq sols par cent frans ; en telle sorte néanmoins que le Droit ne puisse excéder vingt-quatre livres.

Les Obligations sont des Actes communs qui n'exigent pas d'explication ; les Commis observeront seulement de joindre aux Sommes principales le prix des Denrées, comme Bled, Navette, & autres choses que les Débiteurs sont quelquefois obligés de delivrer outre & pardessus les Sommes en argent, pour tirer le Droit de Controlle du tout.

XXVIII.

ART. 1.

Pension Viagere de cent frans de capital, ou de cinq frans de rente & au dessous, les Droits seront payés ainsi qu'il est expliqué à l'Article précédent.

Le Capital doit être formé sur le pied de la Rente au Denier vingt.

XXIX.

ART. 10.

Partages ; si les Biens sont au dessous de 10000 fr. une liv. treize sols, ci 1 l. 13 s.

S'ils sont au dessus, trois livres six sols, ci 3 liv. 6 s.

Les Commis auront soin d'empêcher les fausses Estimations, & lorsqu'ils s'appercevront qu'il peut y en avoir, & qu'ils seront assurés d'une lésion du tiers de la valeur, ils en dresseront Procès-verbal pour poursuivre les Contrevenans à la restitution du Droit de Controlle de la fausse Estimation, & en l'amende de 400. frans, conformément à l'Art. 4. du Tarif.

Ils auront soin d'énoncer dans leurs Enrégistremens les plus values, lorsqu'il s'en trouvera dans lesdits partages ; & si les Lots se trouvent égaux en valeur, ils en feront pareillement mention.

ART. DU TARIF.

XXX.

ART. 23. Procuration pure & simple, neuf sols six deniers, ci . . . . 9 s. 6 d.

Par Procuration simple, on entend celles qui ne contiendront d'autres Dispositions que le pouvoir de plaider, transiger, consentir, requerir, agir, contracter, payer, recevoir, donner avis de Parens, pouvoir de contraindre, &c. Mais si la Procuration contient pouvoir de ratifier un Acte passé en Pays étranger, il faudra percevoir le Droit suivant la Somme portée au Contrat qui doit être ratifié; & au cas qu'elle ne soit pas énoncée, percevoir le plus fort Droit qui est de 24. livres.

XXXI.

ART. 25. Prise de Possession d'une Terre, Fief ou Seigneurie, ayant Haute, Moyenne & Basse Justice, trois livres six sols, ci . . . 3 liv. 6 s.

Ayant Droit de Basse Justice seulement, Fief simple, ou Maison Franche, une liv. treize sols, ci . 1 liv. 13 s.

Et pour les Biens de Roture, dix-neuf sols, ci 19 s.

Lorsque les Prises de Possession seront faites en conséquence de Contrats volontaires passés devant Notaires ou Tabellions, les Commis auront soin de se faire justifier du payement des Droits de Controlle desdits Contrats, comme aussi de se faire représenter la grosse qui doit en avoir été expédiée avant de prendre possession de l'Héritage, pour connoitre si le Droit de Sceau a été acquitté; s'il ne l'étoit pas, ils arrêteront l'Acte de Prise de Possession, & en dresseront Procès-verbal pour poursuivre les Contrevenans au payement du Droit & de l'amende portée par les Réglemens.

Il n'y a que la Prise de Possession faite par un Notaire qui soit sujette au Droit, celle par le Sergent ne doit que le Controlle d'Exploit.

XXXII.

ART. 27. Protestations, si elles sont secrettes, ne seront sujettes au Controlle; mais ne pourront servir sans avoir été controllées, & payeront pour Droit dix-neuf sols, ci 19 s.

L'on ne peut obliger les Notaires, Tabellions ou autres Dépositaires de ces Actes à les faire controller, autant que les Parties ont intérêt de les tenir secrets; mais elles n'en peuvent faire aucun usage, qu'ils n'ayent été préalablement controllés.

A l'égard de toutes les autres Protestations ausquelles le secret n'est pas attaché, elles doivent être controllées dans la huitaine, à peine des amendes portées par les Réglemens.

XXXIII.

ART. 30. Protest de Lettre de

Lorsque les Protêts seront faits par Notaires

ART. DU TARIF.

Change ou Billet, dix-neuf sols, ci . . . . . 19 f.

ou Tabellions, les Commis auront attention de les enrégistrer au Controlle des Exploits, comme Exploits, & percevront 7 f. & au Controlle des Actes, comme Acte de Notaire, & tireront le Droit de 19 f.

Il faut avoir pour principe que les Notaires faisant dans l'espéce particuliére les fonctions d'Huissier, & que tous les Actes reçus par les Notaires devant nécessairement être controllés, celui dont il s'agit est assujetti aux deux Controlles, & doit conséquemment les deux Droits, parce que le Notaire remplit sa fonction par la rédaction de l'Acte, & celle d'Huissier par la copie ou signification qu'il en donne.

Si le Protêt est fait par un Huissier, il ne sera dû que le Controlle de l'Exploit.

XXXIV.

ART. 2.

RECONNOISSANCE, les Droits seront payés sur le pied réglé par l'Article premier du Tarif, à proportion des sommes contenuës dans lesdits Actes.

Il s'agit de reconnoissance d'une dette, Cens ou Rente portés par Obligation, Constitution, ou autre Titre, dont le Créancier veut empêcher la prescription; comme aussi d'une dette ou engagement contracté par Pere & Mere, ou autres Prédécesseurs, dont la reconnoissance est faite par les Enfans ou Héritiers, qui s'obligent au payement des Sommes, Cens, Rente ou autres charges portées par les Contrats. Ces Reconnoissances qu'on doit regarder comme Titre nouvel, doivent le Droit de Controlle sur le pied, & à proportion des Sommes énoncées dans les Actes originaires.

XXXV.

ART. 28.

RECONNOISSANCE ou Ratification d'Actes sous seings privés; le Droit sera payé à proportion des sommes portées dans lesdits Actes, comme il est porté à l'Article premier du Tarif.

Le Controlle de l'Acte sous signature privée doit nécessairement précéder celui de l'Acte de Reconnoissance ou Ratification, attendu que les Notaires & Tabellions ne peuvent ni ne doivent recevoir de Dépôt, Reconnoissance ou Ratification, ni autres Actes en conséquence des sous seings privés, qu'ils n'ayent été préalablement controllés; ils sont même obligés de faire mention dans les Actes qu'ils reçoivent du Controlle de ceux sous signature privée, & du payement qui aura été fait des Droits; les Commis seront très-attentifs à obliger les Notaires ou Tabellions de leurs Arrondissemens, à se conformer à cette Regle, qui est relative à la Disposition de l'Article 11. de la Déclaration du 27. Juillet 1719. & à l'Arrêt de la Chambre des Comptes du 13. Janv. 1727.

Lorsque les Actes sous signature privée auront été controllés, & les Droits payés suivant leur qualité, & les Sommes y portées, les Reconnoissances ou Ratifications reçues

ART. DU TARIF.

par les Notaires ou Tabellions, feront controllées comme Actes simples, & le Droit payé fur le pied de 9 f. 6 den.

Si les Ratifications font faites pour raifon d'Actes autentiques pafsés hors des Etats de Lorraine & Barrois, les Buraliftes obferveront de controller les Actes ratifiés, & d'en faire payer les Droits de Controlle fuivant la qualité & les Difpofitions; & fi l'Acte ratifié n'eft pas repréfenté, ils ne feront nulle difficulté de tirer le Droit de Controlle fur la Ratification, fuivant la qualité dudit Acte ratifié, & à proportion des Sommes y portées, en cas qu'ils puiffent s'en inftruire par la Ratification; finon ils percevront le plus fort Droit qui eft de 24 livres, relativement à l'Arrêt du Confeil du 12 Septembre 1738.

XXXVI.

ART. 2.

Rachat, ou Rembourfement, feront payés les mêmes Droits que ceux énoncés en l'Article premier, à proportion des fommes contenuës dans lefdits Contrats & Actes.

Le Rachat fe fait du prix des Contrats, Rentes conftituées ou foncieres, fur le pied du Capital de la Rente au Denier vingt.

Le Rembourfement doit s'appliquer à l'extinction d'un Contrat de Conftitution, Obligation, Vente à faculté de Réachat, ou Engagement de Biens immeubles; & le Droit de Controlle doit en être payé fur le pied & à proportion des Sommes portées par lefdits Contrats de Conftitution, Ventes ou Engagemens.

XXXVII.

ART. 5.

Renonciation gratuite, fera payé neuf fols fix deniers, ci . . 9 f. 6 d.

Et fi elle eft faite pour un certain prix, les Droits en feront payés comme pour les Contrats de Vente énoncés en l'Article fecond, qui renvoye à l'Article premier du Tarif.

L'on entend par Renonciation gratuite, les Actes par lefquels des Enfans ou autres Héritiers directs ou collatéraux, renoncent à la Succeffion de leurs Peres, Meres, Ayeuls, ou autres Parens dont ils font Héritiers, & les Femmes à la Communauté contractée entre elles & leurs Maris; c'eft ce qu'on appelle communément Répudiation de Succeffion ou de Communauté.

Ceux par lefquels on renonce à un légs univerfel ou partie, à un Droit de quèlque efpéce qu'il foit, fans rétribution.

Si cette Renonciation eft faite à prix d'argent de Droits mobiliers ou immobiliers, elle doit être regardée comme une efpéce de ceffion; & le Droit de Controlle eft dû fur le pied de la Somme payée pour raifon de l'Acte de Renonciation.

Les Buraliftes dans ce dernier cas auront foin d'expliquer dans leurs Enrégiftremens la nature & qualité des Immeubles aufquels on renonce, avec leur fituation, ainfi qu'il leur eft prefcrit ci-devant fur l'Article des Echanges N°. 21.

ART. DU TARIF.

XXXVIII.

ART. 6.

RETRAIT Lignager ou Conventionnel, il sera payé le même Droit que pour les Contrats de Vente, à proportion des sommes y contenuës.

Le Retrait lignager se dit d'un Parent qui exerce le Droit qu'il a en vertu de la Coutume, de retirer d'un tiers Acquéreur ou d'un Adjudicataire par Decret, un Bien ancien & propre de sa Famille, vendu par son Parent.

Le Retrait conventionnel est celui qui s'exerce en vertu d'une stipulation qui accorde au Vendeur un certain tems pour retirer le Bien vendu; c'est ce que l'on appelle Faculté de Réméré.

Les Droits de Controlle sont dûs de ces sortes d'Actes sur le pied & à proportion des Sommes, ainsi qu'il est dit dans l'Article du Tarif ci-contre.

Il est dû aussi le Controlle de l'Acte comme Exploit, parce que le Notaire fait dans cette occasion les fonctions d'Huissier, en ce qu'il signifie Copie de l'Acte de Retrait.

XXXIX.

ART. 26.

RESILIMENT, ou Actes par lesquels les Parties résiliront de quelques Actes ou Contrats antérieurs, sera payé le même Droit que pour les Actes ou Contrats résiliés.

Le Résiliment est un Acte par lequel les Parties déclarent volontairement qu'un Contrat de Vente, Echange, Traité, Sous-traité, Bail à tems ou à longues années, demeureront nuls & résolus.

Cet Acte, à l'égard des Ventes d'Immeubles, doit être regardé, & ne peut effectivement être traité que de Rétrocession volontaire, pour laquelle il est non seulement dû le Droit de Controlle sur le pied réglé par l'Article ci-contre, mais encore le Droit de Sceau dans les trois mois du jour de la datte, comme Acte translatif de Propriété d'Immeubles.

XL.

ART. 6.

SUBROGATION aux Contrats de Constitutions, Obligations, Ventes, Echanges, & autres Actes; il sera payé le même Droit que pour lesdits Contrats, à proportion des sommes y contenuës.

Pour appliquer le terme de Subrogation aux Actes énoncés en l'Article ci-contre, il faut entendre aussi celui de transport.

La Subrogation est ordinairement renfermée dans une Quittance donnée par un Créancier à un tiers qui paye à l'acquit du Débiteur, & par laquelle Quittance le Payeur est subrogé aux Droits & Hypoteques acquis par le Titre de Créance, pour les exercer contre le Débiteur, ainsi que le Créancier avoit droit de faire.

Le Transport, c'est la Cession faite par un Particulier au profit d'un autre, d'un Contrat de Constitution, Obligation, Vente, Echange, Donation, ou autres Actes; le Droit de

ART. DU TARIF. Controlle des Subrogations, Transports, ou Cessions, est dû à proportion des Sommes portées par les Actes cédés & transportés, ou pour raison desquels les Subrogations auront été faites.

Il est dû aussi le Droit de Sceau des Cessions ou Transports des Contrats de Ventes d'Immeubles, à l'occasion de l'Enrégistrement desquels les Commis observeront ce qui leur est prescrit sur l'Article des Echanges N°. 21.

XLI.

ART. 13. SENTENCE Arbitrale, dix-neuf sols, ci . . 19 s.

XLII.

ART. 22. SUBSTITUTION, sera payé six livres douze sols, ci . . . . . 6 liv. 12 s.

Ces Actes peuvent être faits par Dispositions particuliéres, autres que Testamentaires; mais lorsque les Substitutions se trouveront renfermées dans les Testamens, les Commis percevront le Droit de Controlle sur le piéd de Substitution, comme plus avantageux que celui réglé pour les Testamens; ils observeront néanmoins de faire leur Enrégistrement sous le Titre de Testament portant Substitution en faveur de { Tel ou Telle.

XLIII.

ART. 30. SOMMATION, sera payé dix-neuf, ci . . 19 s.

Sommation, l'on entend les Protestations, Empêchemens ou autres Actes qui se signifient ou notifient par la voye des Notaires ou Tabellions; le Droit de Controlle en est dû sur le pied de l'Article ci à côté; en outre celui de 7. sols comme Exploit. Voyez l'explication sur l'Article des Protêts N°. 32.

XLIV.

ART. 2. TITRE nouvel, seront payés les mêmes Droits, à proportion des sommes y portées, suivant l'Article premier du Tarif.

Titre nouvel, est la reconnoissance d'une Rente constituée, ou fonciére, ou renouvellement d'une Constitution, ou autre Titre obligatoire, pour en empêcher la prescription.

Les Droits de Controlle en sont dûs à proportion des Sommes principales portées par les Titres & Contrats reconnus ou renouvellés.

ART. DU TARIF.

XLV.

ART. 6.

TRANSPORT, sera payé le même Droit que pour les Contrats transportés, à proportion des sommes y contenuës.

Il a été parlé des Actes de cette espéce sur l'Article 6. des Subrogations N°. 40.

XLVI.

ART. 15.

TRANSACTION, quand il n'y aura point de sommes certaines, ni de choses qui puissent s'estimer, dix-neuf sols, ci . . . . 19 s.

Si elles se peuvent estimer, sera payé pareil Droit que pour les Contrats spécifiés dans l'Article second du présent Tarif.

Pour Transactions sur droits de Servitudes, & autres de cette espece, dans lesquelles il n'y a aucunes Sommes désignées, & tous autres Actes de pareille nature, il n'est dû que 19 sols.

Si l'objet qui a fait la matiére de la Transaction est estimé, ou peut l'être, les Buralistes liront exactement les Actes de cette nature, pour connoître si les Parties ont transigé pour raison de Droits successifs, mobiliers ou immobiliers, ou autre cause.

L'énonciation en est nécessairement faite par les Transactions, au moyen de quoi il sera facile de connoître la valeur des objets, particuliérement lorsqu'il s'agira d'Immeubles situés dans l'étenduë de l'Arrondissement du Bureau, & d'obliger les Parties à en faire l'Estimation; & à leur refus les Commis seront fondés, & ne feront même aucune difficulté de percevoir les 24 livres.

Si par cette Transaction il est abandonné des Immeubles ou échangés, les Buralistes ne manqueront pas d'en faire une mention bien circonstanciée dans leurs Enrégistremens, ainsi qu'il est dit au N°. 21. sur l'Article des Echanges, afin d'être en état de faire payer le Droit de Sceau, ou autres qui pourront résulter des mutations; Observer que les Transactions sous signatures privées d'Effets mobiliers ne doivent pas être sujettes au Droit du Controlle, à moins que l'exécution n'en soit demandée en Justice; mais si elles portent translation de Propriété d'Immeubles, elles doivent être passées pardevant Notaire, & le Droit perçû suivant le prix y stipulé, ou l'Estimation des choses sur lesquelles elles auront été faites; & en cas que lesdites Transactions pour raison d'Immeubles soient passées sous seings privés, les Commis s'en saisiront, & en dresseront Procès-verbaux; ils en feront de même pour les Transactions sous seings privés d'Effets mobiliers, dont la valeur sera au dessus de 200. frans, si les Parties contractantes ne sçavent signer suivant la disposition de l'Art. 5. de la Déclaration du 14. Mai 1724.

ART. DU TARIF. — ART. 21.

XLVII.

TESTAMENT ou Codicile faits par les Artisans & gens de Métier, dix-neuf sols, ci . . . . . . 19 s.

Par les Officiers des Prevôtés & Gruries, Marchands & Rentiers, une livre dix-huit sols, ci . 1 liv. 18 s.

Et par les Personnes Nobles ou constituées en Offices supérieurs & dignités, & les Avocats exerçans en nos Cours & Bailliages, trois liv. six sols, ci . . 3 liv. 6 s.

Si les Testamens ou Codiciles renferment des Donations d'Immeubles en faveur d'autres personnes que les Héritiers présomptifs, les Commis percevront, outre le droit dû pour le Testament, suivant l'Art. 21. du Tarif, celui dû pour les Donations, conformément à l'Art. 6. dudit Tarif; & quand lesdits Testamens ou Codiciles porteront des Substitutions, même en faveur des Enfans des Testateurs, les Commis percevront les Droits sur le pied des Substitutions, suivant l'Art. 22. & ne percevront alors point de droit pour le Testament, en observant néanmoins de faire leurs Enrégistremens en ces termes:

Testament par........ portant disposition de Biens en faveur ...... ses Héritiers, & donation de la Somme de .... au profit de .... ou Substitution en faveur de ......

La même chose sera observée à l'égard des Codiciles dans lesquels seront renfermées pareilles Dispositions.

Lorsque les Testamens ou Codiciles contiendront des Donations de Biens Immeubles en faveur des Eglises, Fabriques, Communautés Religieuses, ou autres gens de Mainmorte pour sureté de fondation, les Buralistes auront attention de les comprendre dans leurs Enrégistremens, & d'en faire une mention circonstanciée, avec l'énonciation de la nature & qualité des Biens donnés, leur situation, & la charge des fondations, afin de leur faciliter & aux Inspecteurs & Controlleurs Ambulans, le Relevé des Extraits des Actes sujets au Droit d'Amortissement.

XLVIII.

ART. 2.

VENTE de Meubles & Immeubles, seront payés les mêmes Droits que ceux énoncés en l'Article premier, à proportion des sommes énoncées dans les Contrats & Actes.

Il est du bien de la Régie que les Enrégistremens soient libellés, notamment ceux des Contrats portant mutation de Biens Immeubles.

Les Commis auront grande attention d'énoncer la nature & qualité desdits Biens; c'est-à-dire, s'ils sont fiefs ou de roture; leur situation, si c'est dans le Domaine du Roi, ou dans la Censive d'un Seigneur particulier; le prix desdits Immeubles, en y joignant les Vins, Coëffes, Epingles, ou autres choses stipulées par les Contrats, & qui font partie du prix, dont les Droits

ART-
DU
TARIF.

sont dûs de même que de la Somme principale, conformément à l'Arrêt du Conseil du 18. Avril 1725. Ils prendront par eux-mêmes tous les éclaircissemens qui pourront les en instruire, en cas que lesdites énonciations ne se trouvent pas toutes renfermées dans les Contrats.

XLIX.

ART. 2.

Vente d'Offices, seront payés les mêmes Droits que ceux ci-dessus énoncés, & à proportion des sommes contenuës dans les Contrats de Vente.

Si la Vente est faite moyennant une Somme en Especes, & en outre à la charge d'une Pension viagere, il faudra former le Capital de la Pension sur le pied de la Rente au Denier 20, & le joindre à la Somme en Especes pour percevoir les Droits de Controlle du tout.

Les Commis observeront d'énoncer dans leurs Enrégistremens, la qualité de l'Office vendu.

L.

ART. 31.

Et pour chacun des autres Actes simples qui ne sont point énoncés dans le présent Tarif, & qui ne pourront recevoir aucune application à ceux qui y sont exprimés, neuf sols six deniers, ci . . . . 9 f. 6 d.

L'explication sur cet Article sera divisée en deux Parties; la premiére, pour faciliter aux Commis la connoissance des Actes qui n'ont point été dénommés dans le Tarif, & qui par leur nature peuvent être appliqués aux Articles ausquels ils ont rapport.

Et la seconde, pour leur indiquer quels sont les Actes simples, pour lesquels il n'est dû que 9 sols 6 den. de Controlle.

Ceux dont on entend parler dans la premiére Partie, sont :

1°. Collations de Piéces, ou Extraits d'Actes.

Par l'Article premier de la Déclaration du 17. May 1724. il est dit que les Copies collationnées par Notaires & Tabellions de tous Actes indistinctement, soit qu'ils ayent été passés avant ou depuis l'Edit de 1718. portant établissement du Controlle, seront controllées à la diligence des Tabellions & Notaires qui les auront expédiées, & que lesdits Actes de Collation seront dattés du jour que lesdits Notaires ou Tabellions les auront reçus, à peine de 500 frans d'amende.

L'Article 2. fixe le Droit de Controlle de chacune Collation d'Actes à 9 f. 6 d. indépendemment du plus ou du moins des sommes contenuës dans lesdites Copies collationnées.

2°. Contre-Lettres, Actes de Nonobstant ou Reversail.

Lorsque ces Actes seront donnés pour raison de Contrats d'Acquisition, Constitution, Obligation, ou autres Actes de cette nature, les Droits doivent en être payés sur le même pied que pour lesdits Contrats & Actes, & à proportion des sommes y portées, parce que les Contre-lettres, Actes de Nonobstant ou Reversail renferment ordinairement des déclarations qui équivalent une quittance & décharge des sommes portées par les Obligations ou Constitutions, ou une Rétrocession des Immeubles mentionnés dans les Contrats de Vente; il arrive même assez souvent qu'un Acquéreur déclare par une Contre-lettre ou Reversail, que quoiqu'il soit dit par le Contrat de Vente qu'il a payé la somme y portée au Vendeur, la verité est qu'il la lui doit, & lui en passe une Obligation.

3°. Baux à chetel de Bestiaux à croît ou décroît, ou de pâturage.

Le Droit doit être perçu relativement à l'Article 16. du Tarif, rapporté ci-devant au N°. 7.

4°. Dissolution ou Résolution de Traité, Soustraité, ou Association.

Ces Actes ont rapport à ceux mentionnés en l'Article 18. ci-devant rapporté sur le N°. 5. & les Droits doivent être payés sur le pied y énoncé comme pour Traité & Association.

5°. Quittance du montant d'une Obligation, Constitution, ou autres Actes, seront payés les mêmes Droits que pour lesdits Actes quittancés, suivant les Réglemens rapportés ci à côté.

L'Article 5. de la Déclaration du 27. Juillet 1719. dit, que les Quittance, Décharges & Subrogations qui seront faites par Actes postérieurs & séparés, seront controllés, & les Droits payés suivant l'Article 2. du Tarif, soit que les Actes & Contrats, dont on fera la radiation par le remboursement, ayent été passés avant ou depuis l'établissement du Controlle.

Par l'Article 6. de la même Déclaration, il est ordonné que les Actes ou Annotations de Résilitaions, Cassations, Quittances & Décharges qui seront mis au bas ou à la marge desdits Contrats autentiques, reçus précedemment, soient controllés, & les Droits payés conformément au Tarif, soit qu'ils soient signés ou non par les Notaires & Tabellions, à peine de nullité & de 500 frans d'amende contre les Notaires & Tabellions qui auront fait faire par les Parties pareils Actes ou Annotations sans les faire controller.

Enfin par Arrêt de la Chambre des Comptes du 13. Janvier 1727. le Sr. Christophe Krebs, Tabellion Général, a été condamné en l'amende pour avoir mis deux quittances ou radiations à la marge des minuttes d'Obligation & de Vente, sans avoir fait controller lesdites Quittances dans la huitaine de la datte.

6°. OFFRES pures & simples qui ne seront point suivies d'acceptation ni de payement.

Le Droit de 19. sols doit être perçu comme Sommation, suivant l'Article 30. du Tarif rapporté ci-devant au N°. 43.

7°. OFFRES suivies de payement.

Lorsque ces Actes seront reçus par les Notaires, & que les Parties ausquelles les Offres auront été faites, déclareront les avoir acceptées & reçu le payement, le Droit de Controlle en sera dû comme pour Quittance, Réachat ou Remboursement, ainsi qu'il est réglé par l'Article 2. du Tarif, rapporté sous le N°. 35.

8°. TITRES Cléricaux & Sacerdotaux.

Lorsqu'ils seront faits par les Peres & Meres, Ayeuls, ou autres Parens, dont l'Aspirant sera l'Héritier présomptif, le Droit de Controlle sera dû à proportion des sommes portées par les Titres ou du capital au denier 20 de la rente constituée sur le pied de l'Article 3. du Tarif rapporté sous le N°. XVI, qui régle les Droits dûs sur les Actes de Donations en faveur des Héritiers présomptifs.

Si le Titre Clérical étoit fait par des Parens collatéraux à l'Aspirant, qui ne seroit point leur Héritier présomptif, le Droit de Controlle seroit dû en entier, suivant la derniere partie du même Article du Tarif.

Les Articles simples dont il a été parlé dans la seconde Partie de cette Observation, sont:

1°. LES Actes de respect ou réquisition faits par les Enfans aux Peres & Meres pour consentir à leur Mariage.

Cet Article & les suivans concernent les Actes simples pour lesquels il n'est dû que 9 s. 6 d. de Controlle, suivant l'Article 31. du Tarif ci-devant rapporté sous le N°. 50.

2°. Les Déclarations pures & simples qui n'ont rapport à aucun Contrat ou Acte.

3°. Les Décharges de Papiers données par les Parties aux Procureurs, Avocats, ou autres qui ne contiendront point d'obligation, ni autres dispositions.

4°. Les Emancipations par les Peres & Meres, qui ne contiendront d'autres dispositions que celles nécessaires pour tirer les Enfans hors de la puissance paternelle.

5°. Les Lettres de Voitures, Lettres Missives, qui ne contiendront ni obligation ni engagement.

6°. Main-levée ou Consentement pur & simple.

7°. Opposition à célébration de Mariage, ou pour autres causes.

8°. Procès-verbaux de Rapport d'Experts, & autres Actes de cette nature.

Tous

ART. 32. & dernier du Tarif.

L I.

Tous les Contrats & Actes mentionnés au present Tarif, & autres qui seront passés ou reçus par les Notaires & Tabellions, seront controllés, & les Droits par eux payés dans la huitaine du jour de la datte d'iceux; & avant qu'ils les puissent délivrer aux Parties, soit en Brevets, Grosses & Expéditions, ils seront tenus de faire mention du Controlle desdits Actes, & des Droits qui en auront été payés; le tout à peine de 500 frans d'amende contre lesdits Notaires ou Tabellions pour chacune contravention, conformément à l'Edit du mois de Décembre 1718.

Tous lesquels Droits seront payés par toutes sortes de personnes sans aucune exception, pour quelque cause, & sous quelque prétexte que ce soit, ou puisse être, nonobstant tous Edits, Déclarations, Réglemens, Arrêts & Usages à ce contraire.

Les Commis Buralistes tiendront la main à ce que les Notaires & Tabellions de leur Arondissement, fassent exactement controller leurs Actes dans la huitaine.

Ils veilleront aussi à ce qu'ils se conforment à la disposition de l'Article ci à côté, & si les Notaires & Tabellions s'écartent de son exécution, soit à l'égard du Controlle, soit qu'ils obmettent de le rapporter dans les Grosses & Expéditions; ils arrêteront les Piéces de contraventions, en dresseront Procès-verbal sans aucun ménagement, & enverront le tout à la Direction.

Les Instructions précedemment établies suffiront pour engager les Buralistes zélés à remplir les devoirs de leurs emplois.

Il s'agit seulement de les prévenir que s'ils ont quelques ménagemens ou considérations dans la perception des Droits, ils seront forcés en recette, & obligés de compter & payer le montant des Droits qu'ils auront obmis de percevoir, soit pour raison de considération particuliere ou par négligence.

Ils ne doivent non plus faire aucun *gratis* des Droits pour eux-mêmes, ni pour quelque personne ce puisse être, sans les ordres exprès de la Compagnie ou du Directeur, à peine d'en demeurer responsables, d'être forcés en recette, & contraints au payement des Droits dont ils auront accordé le *gratis* de leur propre mouvement.

Fait & arrêté au Conseil d'Etat par les Commissaires soussignés, nommés par S. A. R. à Nancy le 4. Avril 1721. *Signé*, S. M. Labbe', de Rutant, Bourcier de Villers, Mathieu de Moulon, Reboucher.

EXTRAITS DES REGLEMENS.

Par la Déclaration du 27. Juillet 1719. Art. II. & par celle du 17. May 1724. Art. IV. il est voulu que les Vassaux & Sujets qui se trouveront avoir fait sous signature privée aucun Contrat de Mariage, d'Acquêts, d'Echanges, Transactions, Partages, Substitutions, Donations entre-vifs, & autres Actes translatifs de propriété d'Immeubles, soient condamnés chacun en 500 frans d'amende pour chaque contravention, & que lesdits Actes demeurent nuls, quand bien même ils contiendroient la clause qu'il en seroit passé Acte devant No-

INSTRUCTION

Pour l'exécution desdits Réglemens.

Les contraventions qui se commettent fréquemment à la disposition de cet Article, doivent réveiller l'attention des Commis; & la Compagnie est persuadée que pour peu qu'ils témoignent de zéle pour ses intérêts, il leur sera aisé d'arrêter le cours de ces abus.

Ils y parviendront en arrêtant exactement les Contrats de Mariage, d'Acquêts, Echanges, Transactions, Partages, & autres Actes faits sous signature privée qui peuvent leur être apportés pour être controllés.

Et notamment en s'informant souvent de ce qui se passe dans les Justices de leur Arondissement, en vérifiant les Greffes où sont déposés les Partages & les Sentences qui tiennent lieu de Contrats de Vente, & autres Actes.

Il est certain qu'un Commis attentif & rempli de ses devoirs, peut être instruit des fraudes & contraventions qui se commettent dans son district s'il veut y apporter la vigilance & l'activité que doit avoir un bon Employé.

Les Actes sous seing privé étant plus fréquens qu'ils n'ont jamais été par l'usage où sont présentement les gens de la campagne de faire apprendre à écrire à leurs Enfans, & par la facilité qu'ont les Procureurs, Greffiers, & même les Tabellions de prêter impunément leur ministere pour écrire ces sortes d'Actes, il est d'une contaire dans certain tems, & à la premiere réquisition des Parties, si lesdits Actes ne sont passés effectivement dans la quinzaine de la datte des sous seings privés.

Par la même Déclaration, Article V. il est dit que pour éviter les surprises & circonventions qui pourroient être faites contre ceux & celles qui ne sçavent pas écrire ni signer, il est fait défenses à toutes sortes de personnes de quelque qualité & condition qu'elles soient, de signer comme Témoins aucun Billet, Promesse, Traité, & autres Actes sous seing privé, lorsque les sommes y énoncées, ou les choses qui auront fait la matiere desdits Actes, excéderont celle de deux cens frans, pour laquelle seulement la preuve par Témoins est admise par les Ordonnances; à peine de nullité desdits Actes, de 300 frans d'amende contre chacun desdits Témoins, & de pareille somme contre chacune des Parties qui auront

séquence infinie de ne laisser échapper aucun de ceux faits sous seing privé, lorsque les Parties intéressées ou l'une d'elles ne sçaura écrire ni signer, & que la somme ou l'objet renfermé dans l'Acte excédera la valeur de 200 frans.

Les Commis ne manqueront pas d'arrêter les Actes de cette espece qu'ils pourront découvrir, d'en dresser Procès-verbal pour poursuivre les Parties & les Témoins qui auront signé sur lesdits Actes, aux peines & amendes portées par le Réglement ci à côté.

passé les mêmes Actes, sans que ladite amende puisse être remise ni moderée.

Il est aussi expressément voulu que lesdits Actes soient rédigés devant Notaire ou Tabellion, sans néanmoins empêcher toutes sortes d'Actes sous seing privé entre les personnes qui sçavent écrire & signer, excepté les Contrats de Vente, Echanges, Partages, & autres Actes translatifs de propriété, les Contrats de Mariage, les Substitutions, Transactions, Donations entre-vifs, & autres de pareille nature, lesquels doivent être passés devant Notaires & Tabellions, suivant l'Article IV. de ladite Déclaration.

L'Article premier de la Déclaration du 27. Juillet 1719. ordonne, conformément aux anciennes Ordonnances, que toutes les Obligations, Constitutions, & autres Conventions, soit personnelles, soit réelles, portant translation de propriété d'Immeubles, seront passées

Ce Réglement, en prohibant les Actes privés entre personnes qui n'ont pas l'usage de l'écriture, n'interdit pas la liberté aux gens qui sçavent écrire & signer, de faire entre eux les Actes sous seings privés qui leur sont permis.

Il s'agit de la part des Commis de prendre garde qu'il ne soit formé des Demandes en Justice; qu'il ne soit produit, ou qu'il ne soit fait d'autres usages desdits Actes avant qu'ils ayent été controllés, conformément à l'Arrêt du 29. Juillet 1732. Les Commis pourront, par le moyen du Controlle des Exploits, connoître par les énonciations dans les Actes de Procédure, l'usage qui pourra être fait des sous seings privés, en lisant exactement les Requêtes, Exploits libellés & autres Actes qui pourront être faits en conséquence, dans lesquels mention doit être faite du Controlle de l'Acte.

A l'égard des Actes réels & perpétuels, & autres qui doivent être passés devant Notaires, il a été parlé sur l'Article précédent de ce qui doit être fait par les Commis, pour tenir la main à ce qu'ils soient passés pardevant Notaires ou Tabellions.

Il arrive souvent que les Officiers de Justice des Bailliages & Prevôtés, sans être saisis d'aucune demande ni procedure commencée, s'arrogent le droit d'instrumenter, & font les fonctions de Notaires; & sous prétexte de difficultés qu'ils supposent, ils font recevoir par leurs Greffiers, ou rédigent eux-mêmes, du consentement des Parties, toutes sortes d'Actes, comme Transactions, Obligations, qu'ils désignent sous le titre de Sentences volontaires.

& reçuës par les Notaires & Tabellions.

Fait très-expresses inhibitions & défenses à tous Officiers, Maires & Gens de Justice, Procureurs d'Office, & autres, de recevoir & passer devant eux aucuns Actes ou Contrats, même par forme de condamnation volontaire, sinon sur Procès qui pourroient être pendans pardevant eux; à peine de nullité desdits Contrats, & de 500 frans d'amende payable solidairement par les Juges, Greffiers, & autres qui les auront rédigés par écrit, & des dépens, dommages & intérêts des Parties, ainsi que de raison.

Leur fait aussi, & à tous autres, pareilles inhibitions & défenses sous les mêmes peines, de signer comme Témoins aucun desdits Actes & Contrats, qu'ils ne soient reçus par lesdits Notaires & Tabellions.

Les Commis seront attentifs à saisir tous les Actes de cette nature qui pourront leur tomber entre les mains; ils iront même dans les Greffes faire les vérifications nécessaires pour découvrir ces abus, & dresser leurs Procès-verbaux des contraventions qu'ils découvriront.

Devoirs des Commis-Buralistes.

PAR l'Edit du 12. Décembre 1718. il est porté que tous les Actes & Contrats seront enrégistrés par Extraits contenans le nom des Parties contractantes, la qualité de l'Acte ou Contrat, les sommes ou valeur des choses y énoncées, la datte de l'Acte, le nom & la demeure du Notaire ou Tabellion qui l'aura reçu, le nombre des feüillets dudit Acte, la somme que le Controlleur aura reçu pour Droit de Controlle, & quand il se trouvera des renvois dans les minuttes, qu'ils seront paraffés par ledit Controlleur.

PAR la disposition de cet Edit, les Commis connoîtront suffisamment ce qui est voulu sur la forme des Enrégistremens; mais pour ne leur rien laisser à désirer, & les instruire plus parfaitement de l'intention de la Compagnie à cet égard, il sera donné ci-après un modele d'Enrégistrement.

Modele d'Enrégistrement des Contrats de Vente, Echange, & autres Actes translatifs de propriété.

Vente { Mettre ici la nature, qualité & situation des biens, en expliquant s'ils sont fiefs ou de roture, s'ils sont situés dans le Domaine du Roy, ou dans la Censive d'un Seigneur particulier. } du...

Par. . . . au profit de { Mettre le nom, la qualité & la demeure de l'Acquéreur.

Moyennant . . . . en capital

{ Lorsqu'il y aura des Vins, Coëffes ou Epingles stipulés, ils seront énoncés, & l'objet d'iceux. } Pardevant

. . . . . Notaire à . . . qui a dit avoir . . . la minutte, laquelle il a fait controller cejourd'hui . . 173 . & a payé pour Droit { Rapporter ici la somme perçuë pour Droit en toutes Lettres.

ci . . . .

Les Commis ne se dispenseront, sous aucun prétexte, de se conformer exactement au Modele ci-dessus pour ce qui concerne les Contrats de Vente, Echanges, Donations & autres Actes portans translation de propriété d'Immeubles; & une seule caze ne suffisant pas pour contenir les énonciations & explications, ils continueront d'écrire dans les cazes suivantes.

A l'égard de tous les autres Actes, ils se conformeront à la disposition & indication du Régistre, en observant néanmoins de mieux expliquer leurs Enrégistremens qu'ils n'ont fait jusqu'à présent.

Sera fait annotation des Enrégiſtremens & Controlle par ledit Controlleur ſur les minuttes des Actes, de laquelle annotation les Notaires ſeront tenus de faire mention dans les Groſſes ou Expéditions qu'ils en délivreront.

Il arrive ſouvent qu'un même Cahier contient pluſieurs Actes tels que les Teſtamens, à la ſuite deſquels ſont ordinairement les Codiciles, les Procès-verbaux de lecture ou de publication, les Procès-verbaux d'Adjudication faite à differens Particuliers, & autres de cette nature; les Commis ſe contentent de mettre à la fin du Cahier une ſeule relation, dans laquelle ils renferment en total la quittance des Droits qui réſultent des differens Actes; ce qui eſt auſſi irrégulier que contraire à l'Article du Réglement ci à côté, en ce que chaque Acte doit porter la quittance du Droit qu'il opere, comme chaque Enrégiſtrement doit avoir auſſi ſa relation; c'eſt à quoi les Commis ſe conformeront exactement.

La relation ou annotation qui ſera miſe ſur les Actes & Contrats par leſdits Controlleurs, ſera ſignée d'eux; ils y feront mention de la page de leur Régiſtre & du N°. de l'Article où leſdits Actes auront été enrégiſtrés; & lorſqu'ils auront pluſieurs Régiſtres, ils feront auſſi mention du Volume.

Pour faciliter l'exécution de cet Article, voici le modele qui ſera ſuivi par les Commis.

Controllé à . . . . *le* . . . . . . *fol.* . . . . *article* . . . . *vol.* . . . . . . *reçu* . . . . Et ſigneront.

Ils obſerveront de faire eux-mêmes les Enrégiſtremens, & de ſigner les Quittances, ſans ſouffrir que leurs Femmes, leurs Enfans, ou autres, controllent les Actes des Notaires, non plus que les Exploits, parce qu'il ne convient pas que des perſonnes ſans qualité, ou qui ne ſont pas liées par la religion du ſerment, faſſent les fonctions d'un emploi; d'ailleurs les intérêts de la Compagnie ne peuvent que ſouffrir beaucoup de leur ignorance; il peut encore en réſulter des inconvéniens à l'égard du Public.

Par le même Edit, les Notaires & Tabellions ſont tenus de faire controller leurs Actes dans le Bureau du lieu de leur réſidence, s'il y en a d'établi, ſinon, dans le Bureau le plus prochain qui ſera dans la Juriſdiction du lieu

Les Buraliſtes tiendront la main à ce que les Notaires & Tabellions faſſent controller leurs Actes au Bureau auquel ils ſont affectés. Comme il y a à préſent des Arrondiſſemens formés, & que leſdits Notaires & Tabellions ne pourront déſormais prétexter le défaut de la part du Fermier, d'exécuter lui-même ce qui eſt ordonné ſur cela par l'Edit du 12. Décembre 1718. les Commis auront attention de refuſer le Controlle des Actes qui pourront leur être préſentés par des Notaires ou Tabellions qui ne ſeront pas de leur Arrondiſſement.

de leur résidence, à peine de 500 frans d'amende.

Il est défendu sous la même peine aux Commis de controller d'autres Actes que ceux des Notaires ou Tabellions qui seront désignés dans les districts qui leur seront réglés.

La Loi qui prononce des peines contre les Notaires & Tabellions, milite aussi contre les Commis qui y contreviendront : pour ne pas s'y exposer, ils auront attention de ne controller que les Actes des Notaires & Tabellions établis dans l'étenduë de leur district. Ils ont leur Arrondissement formé en tête de leur Commission, au moyen de quoi il leur sera aisé de ne pas anticiper les uns sur les autres, & de se conformer à la Régle établie.

Ledit Edit fait défense aux Controlleurs de laisser aucun blanc sur leur Régistre, d'en donner communication, ni d'en délivrer aucun Extrait qu'il n'ait été auparavant ordonné en Justice, à peine de 500 frans d'amende.

Les Commis qui laissent des blancs ne peuveut être regardés que comme de mauvais sujets, dont la conduite n'est pas exempte de suspicion ; & les Inspecteurs & Ambulans ont ordre d'interdire ceux des Commis dans les Régistres desquels ils auront trouvé des cazes en blanc, & de verbaliser contre eux pour les faire condamner en l'amende portée par le Réglement ci à côté.

Enfin il est fait défense aux Controlleurs d'éxiger plus grands Droits que ceux réglés par le Tarif, & d'en obmettre l'Enrégistrement, à peine de concussion, de 500 frans d'amende pour chaque contravention ; & en cas de récidive, il est voulu qu'il soit procédé contr'eux extraordinairement.

Il faut être aussi attentif à ne percevoir d'autres ni plus grands Droits que ceux qui sont réglés par le Tarif, que l'on doit être exact à n'en obmettre aucun de ceux qui sont légitimement dûs.

C'est dans ce principe qu'un bon Commis doit travailler ; la droiture & la probité avec une fidelité scrupuleuse, sont les qualités qui doivent l'accompagner dans tous les tems ; au moyen de quoi il aura la satisfaction d'attirer l'attention de ses Commettans, & de se procurer des marques de distinction.

Les Commis rendront leurs Enrégistremens corrects, n'y feront aucun changement, ratures ni altérations, quand même ils s'appercevroient de quelques erreurs faites par inadvertance ou autrement, parce que les Régistres du Controlle des Actes étant publics, & devant faire foy dans l'occasion, l'on ne pourroit pas y avoir confiance si l'on y remarquoit le moindre changement ou falsification, ni s'empêcher de soupçonner la conduite des Commis qui les auroient faits.

S'il est nécessaire de faire quelques rectifications sur les Enrégistremens mal faits, où dans

dans lesquels les Buralistes pourroient s'être trompés, ils attendront le passage de l'Inspecteur ou Controlleur Ambulant, qui portera à la marge à côté des Articles, les observations qu'il jugera nécessaires pour rendre aux Enrégistremens l'intelligence convenable.

Ils arrêteront tous les jours au soir leurs Régistres du Controlle des Actes, avec la même exactitude qu'ils doivent arrêter celui du Controlle des Exploits.

Cet arrêté sera porté dans la premiere caze en blanc qui suivra immédiatément le dernier Enrégistrement, & sera fait dans la forme suivante :

Arrêté la journée du 173 *pendant laquelle a été controllé (tant d'Actes.)* Ce qui sera signé du Commis.

Et les jours où il n'aura été apporté aucun Acte à controller, il en sera fait mention sur le Régistre dans la premiere caze en blanc, en ces termes :

Cejourd'hui *n'a été apporté aucun Acte à controller.* Ce qui sera pareillement signé par le Commis.

Formalités à observer dans les Procès-verbaux.

LOrsque les Commis auront occasion de verbaliser, ils procederont à la Requête de Nicolas Sauvage, Fermier des Domaines & Droits y joints des Duchés de Lorraine & de Bar, pour lequel ils éliront domicile en celui de Me. Michel Vivaux, son Directeur à Nancy, y demeurant Ruë St. Dizier, Parroisse St. Nicolas.

Ils établiront ensuite leur nom & qualité, feront mention de la Commission dont ils sont revêtus, & de leur prestation de serment en conséquence.

Rapporteront sommairement l'objet qui sera la matiere du Procès-verbal, avec toutes les circonstances tirées des Piéces qui justifieront la contravention.

Enonceront les Edits, Déclarations, ou Arrêts ausquels il aura été contrevenu.

Si les Procès-verbaux sont dresśés sur Piéces qui puissent être saisies & transportées, ils les joindront ausdits Procès-verbaux, après les avoir paraffées, & sommé les Contrevenans ou Dépositaires desdites Piéces, de les paraffer avec eux; feront mention du consentement ou du refus.

Dans les cas où ils ne pourront pas annexer les Piéces de contraventions à leurs Procès-verbaux, soit par la difficulté de les saisir & déplacer, soit à cause de la résistance des Contrevenans ou Dépositaires, ils expliqueront l'une ou l'autre de ces deux raisons qui aura lieu, cotteront & parafferont les Piéces, sommeront & interpelleront les Contrevenans ou Dépositaires de les paraffer avec eux, pour par eux les representer toutefois & quantes ils en seront requis.

Ils sommeront encore lesdits Contrevenans ou Dépositaires des Piéces, de signer les Procès-verbaux, feront mention du consentement ou refus qui aura été fait; en donneront la lecture, & en laisseront copie sur le champ, s'il est possible; de quoi ils feront pareillement mention.

Lorsque les Procès-verbaux ne pourront être accompagnés des Piéces de contravention, les Commis auront attention de se faire assister de deux Témoins, qui signeront avec eux.

Ils affirmeront leurs Procès-verbaux dans les vingt-quatre heures pardevant un Juge Royal, les feront controller dans les trois jours, & les envèrront ensuite à la Direction avec les Piéces de contravention, s'il y en a.

Du reste, les Commis ne feront aucune poursuite à la Requête du Fermier en conséquence de Procès-verbaux, ou pour quelqu'autre cause que ce puisse être, sans en avoir reçu les ordres exprès du Directeur, à peine de supporter en leur pur & privé nom les frais qu'ils auront faits ou occasionnés sans y avoir été autorisés.

La présente Instruction sera remise à chacun des Inspecteurs, Controlleurs-Ambulans & Commis-Buralistes des Duchés de Lorraine & de Bar, lesquels fourniront au pied de copie d'icelle leur soumission de s'y conformer.

Vû, Permis d'imprimer, à Lunéville le 26. Octobre 1738.
PROTIN DE VULMONT.

A NANCY, De l'Imprimerie de PIERRE ANTOINE.

www.ingramcontent.com/pod-product-compliance
Ingram Content Group UK Ltd.
Pitfield, Milton Keynes, MK11 3LW, UK
UKHW020515180726
13839UKWH00005B/2096